童心園

童心園
Child　　童心園系列 060

強化孩子正向心理韌性的自我對話練習
어린이를 위한 자존감 수업

作　　者	李挺豪（이정호）
繪　　者	方仁泳（방인영）
譯　　者	劉小妮
責任編輯	施縈亞
總 編 輯	何玉美
封面設計	連紫吟・曹任華
內頁排版	連紫吟・曹任華

出版發行	采實文化事業股份有限公司
行銷企劃	陳佩宜・黃于庭・馮羿勳・蔡雨庭・王意琇
業務發行	張世明・林踏欣・林坤蓉・王貞玉・張惠屏
國際版權	王俐雯・林冠妤
印務採購	曾玉霞
會計行政	王雅蕙・李韶婉
法律顧問	第一國際法律事務所　余淑杏律師
電子信箱	acme@acmebook.com.tw
采實官網	www.acmebook.com.tw
采實臉書	www.facebook.com/acmebook

ＩＳＢＮ	978-986-507-106-6
定　　價	320 元
初版一刷	2020 年 4 月
劃撥帳號	50148859
劃撥戶名	采實文化事業股份有限公司
	104台北市中山區南京東路二段95號9樓
	電話：(02)2511-9798　傳真：(02)2571-3298

어린이를 위한 자존감 수업 (Self-esteem Lesson for Children)
Text by Lee Jung Ho (이정호, 李挺豪), Illustrated by Bang In Young (방인영, 方仁泳)
Copyright © 2018 by Blue Wing Publishing Co. All rights reserved.
Complex Chinese translation Copyright © 2020 by ACME PUBLISHING CO.,LTD
Complex Chinese Copyright © 2020 by Complex Chinese language is arranged with Blue Wing
Publishing Co. through Eric Yang Agency

增強自尊感，
培養自我認同與高度適應力。

強化孩子
正向韌性心理的
自我對話練習

李挺豪 이정호 著

方仁泳 방인영 繪

劉小妮 譯

目錄

陪孩子步步解決問題，鍛鍊強韌心理

　　根據研究顯示，約五歲的孩子就會發展出猶如大人般的自尊心，且同儕之間的玩笑話或是父母長輩的一句苛責，往往就讓孩子的心受傷了。此時，高自尊的孩子開始會勉勵自己，彷彿心裡有一支冠軍啦啦隊正用力地打起戰鼓、鼓勵主人持續往前並相信自己可以做到。相反地，低自尊的孩子較容易因為挫敗而出現沮喪、自暴自棄且對所有事情抱持著負面的想法。

　　適當的自尊心可以幫助孩子將逆境扭轉成順境，孩子的行為表現在自尊心的支持下，往往會表現超出自己的能力與父母的期待。當然，自信過頭，養成過分膨脹的自尊心，在遭遇重大挫折後，看清楚了自己的弱點又無法接受事實。此時的心理層面往往是一蹶不振的，所以「訓練」與「強化」自然就成了重要的課題。

　　身為一位職能治療師，專職於小兒療育的領域已達十一年，除了幫孩子做學習方面的復健外，也必須常常解答家長各式各樣的疑難雜症問題，但是我發現，近年來因少子化的影響常被詢問到的問題，已慢慢的從生理疾病方面轉變成親職教養方面。

慶幸的是，父母逐漸重視成績以外的問題，但也發現因為孩子的提早社會化而過度早熟。「我的孩子很容易發脾氣且挫折、忍受度很差。」、「我的孩子思考總是很負面、對自己完全沒信心。」、「我的孩子在學校都交不到好朋友。」、「我的孩子對甚麼都沒興趣，自己覺得甚麼都不會。」、「我的孩子很愛說謊，很愛狡辯、爭論。」等都是在和家長接觸時，常常能聽到的問題。而這些問題的背後，皆源於孩子未解的心理困擾。

　　美國心理學家詹姆斯‧杜布森博士說過一句話：「有千百種方法可以讓孩子失去自尊心，但重建自尊卻是一個緩慢而困難的過程」。強大的心理壓力以及孩子對父母的過度依賴，進而造成許多媽寶的誕生。

　　在此書中有許多可愛插圖，大大減少視覺上的壓力，每一個章節也有「試試看」來鼓勵孩子拿起筆，先學著「與書對話」並寫下自己的想法，進而找出解決方式。作者以溫暖筆觸帶領孩子認識及處理情緒，讓父母陪著孩子循序漸進的深度探尋問題癥結，並適時往前查看過往壓力與處理方式，進而培養孩子的自尊心與正向情緒。一本解決根本問題、讓親子關係更緊密的好書！

兒童情緒教養專家／林昱程

為什麼要提高自尊心？

　　自尊心就是指「尊重自己並且愛自己的心」。自尊心會告訴我們自己是多麼重要和優秀。

　　《強化孩子正向韌性心理的自我對話練習》這本書能夠幫助我們喜歡自己原本的樣子，能懂得尊重自己的想法與價值觀。也能鼓勵和安慰自己、沒有偏見地對待別人，用肯定的態度去解決眼前的難題。只要好好跟著這本書教的方法，一步一步地去學習，有一天你就會發現自己的自尊心不斷地變強、茁壯。

李挺豪老師

提升自尊心的目標

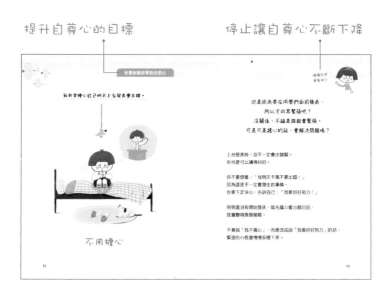

輕鬆挑戰新事物的信心

我每天擔心自己明天上台報表會要出錯。

不用擔心

停止讓自尊心不斷下降

得做大家都覺得呀！

你是因為要在同學們面前發表，
所以才非常緊張吧？
沒關係，不論是誰都會緊張。
可是只是擔心的話，會解決問題嗎？

上台發表時，並不一定會出錯誤。
你也是可以講得好的。

你不要想著：「明天千萬不要出錯。」
因為這還是不一定會發生的事情，
你要下定決心，告訴自己：「我要好好努力！」

明明還沒有開始發表，就先擔心會出錯的話，
就會變得畏首畏尾。

不要說「我不擔心」，而是改成說「我會好好努力」的話，
緊張的心就會慢慢安穩下來。

12

13

增加自尊心的方法

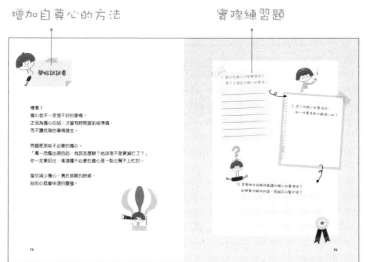

剛剛試試看

橫著！
擔心並不一定是不好的事情。
正因為擔心的話，才會有時間提前做準備，
而不讓危險的事情發生。

問題是那種不必要的擔心。
「萬一恐龍出現的話，我該怎麼辦？地球是不是要滅亡了？」
你一定要記住，像這種不必要的擔心是一點也幫不上忙的。

當你減少擔心，勇於挑戰的游標，
你的心就會快速的變強。

14

實際練習題

15

11

我非常擔心自己明天上台發表會出錯。

不用擔心

你是因為要在同學們面前發表，
所以才非常緊張吧？
沒關係，不論是誰都會緊張。
可是只是擔心的話，會解決問題嗎？

上台發表時，並不一定會出錯喔。
你也是可以講得好的。

你不要想著：「我明天千萬不要出錯。」
因為這是不一定會發生的事情，
你要下定決心，告訴自己：「我要好好努力！」

明明還沒有開始發表，就先擔心會出錯的話，
就會變得畏畏縮縮。

不要說「我不擔心」，而是改成說「我會好好努力」的話，
緊張的心就會慢慢安穩下來。

開始試試看

慢著！
擔心並不一定是不好的事情。
正因為擔心的話，才會有時間提前做準備，
而不讓危險的事情發生。

問題是那些不必要的擔心。
「萬一恐龍出現的話，我該怎麼辦？地球是不是要滅亡了？」
你一定要記住，像這種不必要的擔心是一點也幫不上忙的。

當你減少擔心，勇於挑戰的時候，
你的心就會快速的變強。

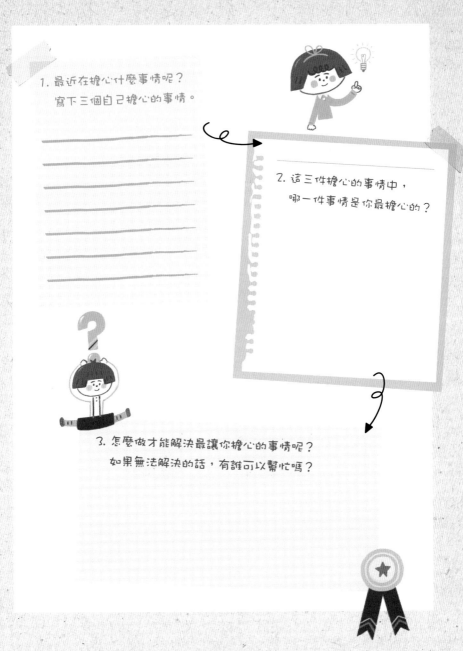

1. 最近在擔心什麼事情呢？
   寫下三個自己擔心的事情。

2. 這三件擔心的事情中，
   哪一件事情是你最擔心的？

3. 怎麼做才能解決最讓你擔心的事情呢？
   如果無法解決的話，有誰可以幫忙嗎？

我真的什麼都不想做，只想好好睡一覺……

試著伸個懶腰吧！

換個方式
思考吧!

有時候心情就像垂掛在
晾衣繩上的衣服那樣低沈。
因為很悶,很沒有精神,所以只想躺下來,
或是隱藏在房間角落。
沒關係,因為心偶爾也是會感冒的。

鬱悶的話,心情就會很低沉。
也會無緣無故的流下眼淚。
你甚至會想:「我是一個什麼都做不好的人。」

如果想得擺脫鬱悶的話,
最好先接受「我現在很鬱悶」這件事情,
但不用想一定要如何解決。

怎樣,你做得到嗎?
慢慢練習看看吧。

開始試試看

因為你的心感冒了，所以一直躺在床上嗎？

掀開被子，試著伸懶腰。
走出戶外，曬曬太陽吹吹風的話，
鬱悶的心情馬上就會舒暢多了。

接著，用盡全力大聲喊。

「我一點也不鬱悶。」

你還可以想像開心愉悅的事情。
打起精神試試看，
像鬱悶這種情況就不會再發生了。

我們來測試一下心情是不是真的鬱悶吧？
請用勾選出你現在心情的狀態。

	完全不是	偶爾會這樣	經常如此
覺得很傷心			
感到不安			
一直不開心			
變得容易生氣			
睡眠品質很差			
難以專注			
吃不下飯			

▶ 有四個或超過「經常如此」的話，請找專家老師來幫助你吧！

朋友們說我的想法是錯的。

只有我的想法很奇怪嗎？

你的想法不奇怪

你只是想法比較特別而已，
但因為別人說是錯的，所以你才會感到懷疑，
也對「是不是只有自己想法很奇怪」感到不安。
可是我的想法是對還是錯，
是由別人來判斷嗎？

如果有朋友站在我這邊，認為我的想法是正確的，該有多好呢？
但是不可能每次都有那樣的朋友在身邊，
因此，最重要的是「你自己」。

「我的想法是正確的」只要你這樣認為的話，
那個想法就一定是正確的。
為什麼正確的理由也要非常清楚，
如果沒有證據說明，
只是無條件的固執認為自己是正確的
那也是不行的。

如果你想法和行為都是真的正確，就不會有人說是錯的了。

以前的人相信太陽是繞著地球轉。

但有一天，科學家伽利略觀察天空之後，
就對大家說：「其實是地球繞著太陽轉。」

當時人們都認為伽利略是一個奇怪的人。
但地球繞著太陽轉卻是事實，對吧？

結果在很久很久之後，人們才發現伽利略是正確的。

所以，如果你也像伽利略一樣，
相信自己想法是正確的話，
那就不要害怕，盡情展開思想的翅膀吧！

1. 如果你有奇怪的想法，
   那是什麼呢？

_____

_____

_____

_____

_____

_____

2. 想一想，朋友是什麼時候
   或為什麼說你很奇怪呢？

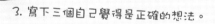

3. 寫下三個自己覺得是正確的想法。

朋友說我的聲音很像男生，讓我好傷心。

不一樣又怎樣？

親愛的你，是真的很傷心吧？
聲音又不是想改變就可以改的，
而且，誰說女生的聲音一定要很溫柔？
男孩子的聲音就一定要低沉穩重呢？

不管別人怎麼說，你的聲音就是世界上獨一無二的。
像男生粗曠低沉又如何？像女生甜美溫柔又怎樣？
這就是你最獨特的聲音呀！

朋友如果再開你的玩笑，
你可以大聲說出：「我喜歡我的聲音。」
或者「聲音像男生又沒有不對。」

最重要的是，
你要為自己的聲音感到自豪，
堂堂正正的接受自己的一切。

開始試試看

男生一定要那樣、女生一定要這樣，
這些都是非常古板的想法。

每個人的長相和個性都完全不同，
又怎麼會所有人都一樣呢？

原野上有各式各樣花朵，
天空中雲朵的模樣也是千變萬化。
讓我們想像一下，
如果世界上只有一種花和一個模樣的雲朵。
天呀，那是不是太無趣了！。

所以說，
就是「不一樣」才更好呀！

1. 你覺得自己有什麼與眾不
   同的地方嗎?
   請至少寫下三個。

   _____

   _____

   _____

   _____

   _____

   _____

   _____

2. 如果看見一隻只有三條腿
   的狗,你會有什麼想法呢?

3. 當朋友嘲笑你的外表時,你會怎麼回答呢?

如果把關燈睡覺的話，我就會擔心有鬼跑出來……

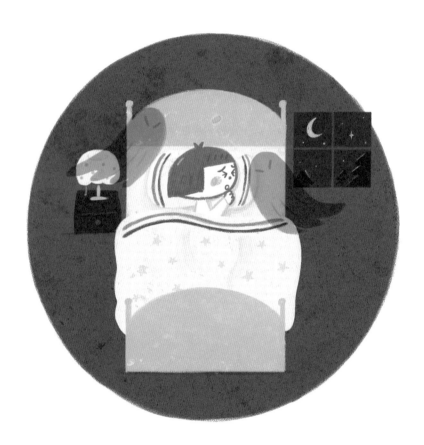

面對你的恐懼感

當周圍很暗的時候，容易讓人感到害怕，
好像有什麼東西會突然竄出來似的，
颼颼的風聲聽起來也很嚇人。
所以睡覺的時候，
真的很討厭把燈全部關掉。

當燈關掉之後，門把看起來就像鬼怪的眼睛嗎？
這個時候，先不要害怕，只要打開燈就好。
當房間明亮之後，那個門把看起來就只是門把而已。
如果你還是不太相信，可以用手親自摸摸看。
用力的握握看更好。

「喔，真的只是門把耶。」
當你確定之後，
內心的恐懼感也會消失不見了。

現在可以關燈，再次進入夢鄉了嗎？

開始試試看

每次打針的時候，看著針筒會感到害怕嗎？
會不會想著：「嗯，應該很痛吧？」
其實針筒只是有點尖尖刺刺的，也沒有非常痛。
這是你心底早就知道的事實。

因此，面對所有事情的時候，請你先不要感到害怕。

如果還是無法停止害怕的話，
請試著張大嘴巴、多多深呼吸幾次。

好，現在來練習一次吧！

1. 什麼時候會讓你變得膽小
   或感到害怕呢？

_____

_____

_____

_____

_____

_____

2. 感到害怕的時候，
   可以怎麼舒緩情緒呢？

3. 如果能和你害怕的東西對話，你會想說什麼呢？

爸媽都只疼愛妹妹，
如果沒有妹妹該有多好。

大家都很愛你喔！

是因為妹妹獨佔了爸媽的愛，

所以覺得傷心嗎？

該不會也曾經想過：

「我是不是撿來的孩子？」

不過，爸爸媽媽真的只疼愛妹妹嗎？

媽媽只夾菜給妹妹，讓你皺起眉頭了嗎？

現在要請你想一想，

妹妹還不太會使用筷子，媽媽只是幫助她用餐而已，

從前你像妹妹這麼小的時候，媽媽是怎麼做的呢？

她一定也跟現在一樣，會夾菜給你吧？

所以我們一起來改變想法吧，

「妹妹年紀還小，當然要多照顧一下。」

這樣想的話，是不是就不覺得爸媽偏心了呢？

開始試試看

在這麼大的世界上，
你是特別且唯一的存在。
不會有人和你擁有完全一樣的想法和感受，
也不會有人能做出和你一樣的笑容和舉動。

那你知道，是誰最疼愛這樣獨特的你嗎？
當你受傷或傷心的時候，又是誰幫助你呢？

即使你認為妹妹得到更多的愛，
可是，爸爸媽媽對你的關愛，
其實一點也沒有改變喔。

1. 什麼時候會讓你覺得，
   爸媽更愛護兄弟姊妹呢？

2. 你覺得爸爸媽媽為什麼
   會做出那些舉動呢？

3. 如果你覺得爸爸媽媽偏心，試著把心情
   寫下來，讓他們看一看吧。

上次寫錯的題目，我又錯了。

怎麼辦？我怎麼一直做錯……

錯了也沒關係喔！

你應該很傷心吧？
覺得自己好像老是做不對、做不好。
即使如此，也不要嚴厲責備自己，
因為不論是誰都會犯錯呀。

為了確保不會重蹈覆轍，
首先要找出「做錯的原因」。

如果不知道做錯的原因，就很容易再次犯錯，
千萬別著急，想要一次做到百分百完美，
太過心急的話，反而有可能犯下更大的錯喔！

請先下定決心，再來慢慢改正錯誤。

準備一本「做錯筆記本」怎麼樣？
把做錯的題目寫下來，再次重新複習，
這樣寫錯的題目就會越來越少囉！

開始試試看

大多數人會閉上眼睛，假裝看不到自己的錯誤。
但是對別人的錯誤則指指點點。

當別人指出自己的錯誤時，
心情就一定會受到影響。
心情受影響之後，就會更常做錯。

最好的方法就是對別人惡意批評的話左耳進右耳出。

不要害怕做錯。
犯錯只是你變得更好的小小過程。

1. 寫下自己經常做錯的三件
   事情。

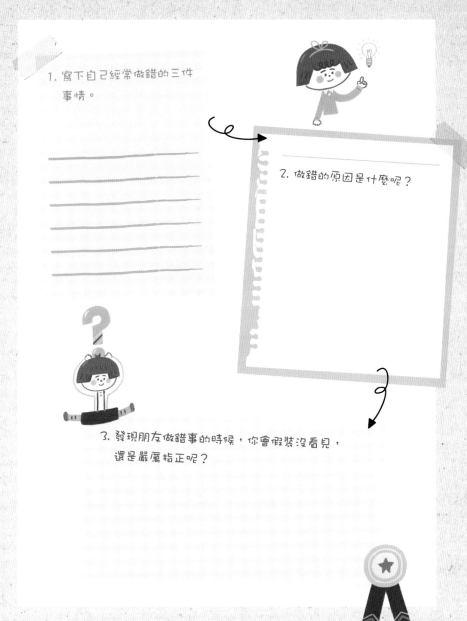

2. 做錯的原因是什麼呢？

3. 發現朋友做錯事的時候，你會假裝沒看見，
   還是嚴厲指正呢？

我的能力只能那樣了，這次一定也做不好。

一定會越來越好的！

「你一定辦不到。」
這句話像有人悄悄的在你耳邊說著，
讓你再也聽不見任何其他的話。
但，你的內心真的是這樣想的嗎？

某件事情是否能做得好或做不好，
就像丟銅板的的時候，正反面出現的機率都是一半一半。
大家都無法肯定說出「絕對沒問題」或「絕對不行」。

怎麼可以在還沒開始之前，就認為自己會做不好呢？
那是膽小鬼的想法喔。

你心底一定不希望自己失敗，
還是很希望能將事情做好，
卻又害怕「萬一做不好怎麼辦？」而已。

「好的開始是成功的一半。」
先抱持這個想法開始做做看吧！

開始試試看

每個人都會在嘗試新事物之前，覺得很徬徨。
因為不知道自己會做好或是不好，
所以才會感到緊張不安。

如果總是想著：「明天再來做吧。」
把事情往後推延的話，那連開始都不可能。

我們要改變一下想法，
想著事情會往好的方向發展。

準備好了嗎？
那我們現在對自己說：
「一定會越來越好的。」

1. 你最近將哪些事情做得很好？

_____

_____

_____

_____

_____

_____

_____

2. 你認為自己是如何做好那些事情的呢？

3. 畫出你腦海中即將到來的美好事件。

真的好煩喔，玩具都無法好好組裝起來，

即使今天晚上要熬夜不睡，我也想要完成！

暫停！休息一下吧！

充滿熱情是非常棒的事情，
集中精神，專注的做事也很棒。
但是熬夜做完真的好嗎？
如果想要睡覺的話，
就會讓你更煩躁吧！

有句話是這樣說的：「欲速則不達。」
意思是說太過著急做事情，反而無法達成目的。

內心想著要快點完成的話，
壓力就會越大，當然更做不好。
壓力持續累積之後，最後就會爆發出來。

覺得很辛苦或遇到無法突破的困難時，就休息一下吧！
可以讓自己睡飽一點、跟狗狗玩一下、吃些好吃的食物……
等到能量再次充足，要繼續達成目標就更容易囉。

開始試試看

如果學校沒有休息時間的話，會變成怎樣呢？
一定可以更早放學回家吧？

但是這樣，就沒有跟同學玩樂的時間了，
也沒有一起享用美味午餐的時間，
更重要的是，上課學習會變得非常無趣，
搞不好會因為太無聊，反而更沒精神呢！

適當的休息可以幫助我們補充能量，
無論你因為什麼事情感到疲累或不順利，
記得一定也要好好休息。

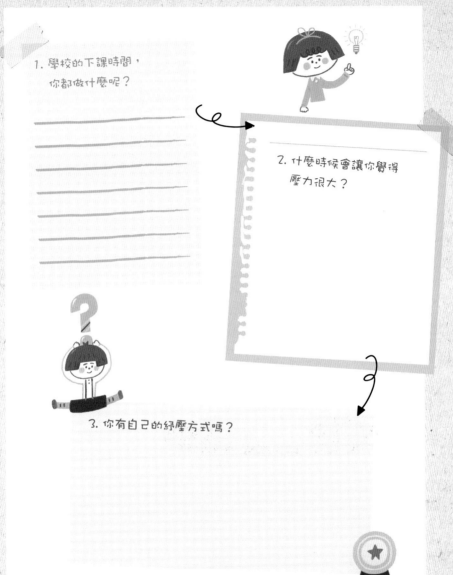

1. 學校的下課時間，
   你都做什麼呢？

_____
_____
_____
_____
_____
_____
_____

2. 什麼時候會讓你覺得
   壓力很大？

3. 你有自己的紓壓方式嗎？

為什麼我總是倒楣的遇到壞事呢？

可能我就是一個倒楣的孩子吧。

說不定你很幸運呢！

如果一直想著不順利的事情，
就會越來越洩氣喔，
也會產生了「為什麼都是我呢？」的想法。
其實所有人誰都會遇到不順的事情，
用什麼態度去面對和接受它們，是很重要的。

「阻礙」真的是一個壞傢伙，
它總是突然出現，讓我們的心情變得低落，覺得自己很倒楣。
如果不能夠好好面對阻礙的話，不順的感覺就會牢牢纏住你，
讓你什麼事情都做不了。

想要擺脫壞運氣嗎？
試試看把肩膀舒展開來，也可以大聲唱歌，
或是跑步跑到氣喘吁吁。
然後大聲對自己說：
「沒有更倒楣，真的好幸運呀！」

照著這樣做之後，心情好多了吧？

開始試試看

世界上只有幸福的話，那該有多好呀？
沒有傷心的事情，只有開心的事情真的很好嗎？

如果只有幸福存在的話，
就不知道是不是真的幸福了。
因為有了不幸，我們才會懂得珍惜幸福呀。

在幸福道路上，一定會遇到壞事，
那些小石子都是不可避免的。

但是你擁有面對不幸的力量，
所以一定能好好振作起來。

1. 今天有發生什麼不順利的
   事情嗎？

2. 當發生不順利的事情時，
   你的感受如何呢？

3. 請寫下你擺脫那些感受的方法。

我一直想到隔壁同學說的話，
他嘲笑我是笨蛋。

想笑就笑吧！

同學的話一定讓你非常生氣吧？
就好像頭頂上飄來烏雲。
到底為什麼他要說這種話呢？
你明明就不是笨蛋。

先讓受到刺激的心情冷靜一下。
深深吸一口氣，再慢慢地吐出來。

等你的心情平靜之後，
再與自己對話，好好鼓勵自己。
「笨蛋怎麼可能表現這麼好？我才不是。」

然後把嘴角往上翹，試著發出聲音笑笑看。
「說我是笨蛋？哈哈哈，我才不是笨蛋！」

開始試試看

你身邊有沒有總是嘻皮笑臉的同學？
那些同學不論何時何地，都是笑呵呵的，
只要改變一下想法，你也可以一直掛著笑臉喔。

告訴你「把小失誤變成幽默」的方法吧！
當你發現自己早上因為太趕
而把左右兩邊的襪子穿錯了的時候，
不要說：「襪子怎麼會這樣？啊，太丟臉了。」
而是要邊笑邊說：
「哎呀！襪子左右不同耶，這也太好笑了。哈哈哈」

越是爽朗的笑，心情就會越好。

1. 對著鏡子皺起臉，你喜歡
   這個樣子嗎？

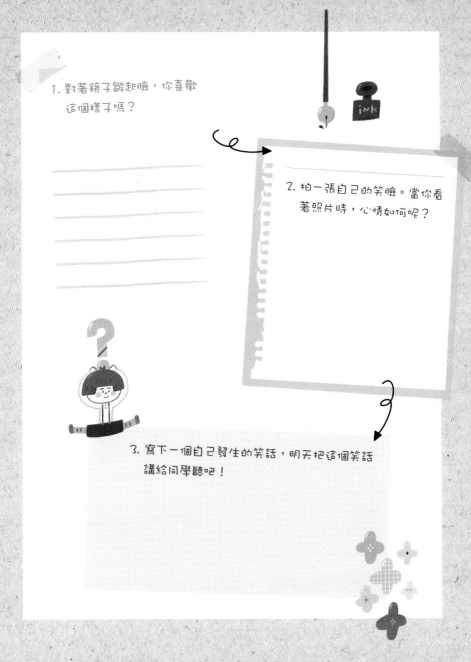

2. 拍一張自己的笑臉。當你看
   著照片時，心情如何呢？

3. 寫下一個自己發生的笑話，明天把這個笑話
   講給同學聽吧！

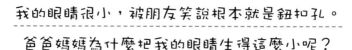

我的眼睛很小，被朋友笑說根本就是鈕扣孔。

爸爸媽媽為什麼把我的眼睛生得這麼小呢？

因為你是你，所以才最好！

同學太大驚小怪了啦！
又不會因為眼睛因為長得小，
就把東西看小了。
雖然心裡會在意，
但也不能怪罪爸媽喔。

當你把眼睛小這事情怪罪在爸媽身上後，
心情有稍微好一點了嗎？
不過，這只是暫時的。

「好像鈕扣孔！」
這句玩笑話依然在耳邊縈繞，為什麼會這樣呢？
因為你跟他們一樣，認為自己的眼睛是鈕扣孔。

如果想不在意同學、朋友的玩笑話，就要改變自己的想法。
你必須這樣想：
「我的眼睛是我重要的身體一部分。」

開始試試看

世界上沒有長得完全一模一樣的人。
因此，每個人都有自己的特色。

眼睛一定要大又圓嗎？細細小小就不行嗎？
膚色白皙就是美嗎？皮膚黑的話就不好看嗎？

即使是自己的兩隻手和兩隻腳，
仔細檢查也能發現些微差異，
並不會完全長得一樣喔。

想像中，擁有鈴鐺般的大眼睛的你，並不是真正的你。
擁有鈕扣孔般的眼睛的你，才是真正的你。

正因為你是你，
才有獨一無二的美好。

1. 輕拍自己的肩膀，對自己說
　「我就是我，我很棒。」
　說完之後，感覺如何呢？

2. 畫下自己重要的三個身體部
　位，然後好好欣賞它們。

3. 做一個
　「給自己的獎狀」吧！

給最棒的自己

姓名：

_____充滿個性。

因為具有_____，

所以特意頒贈這個獎。

20___年___月___日

世界上唯一的我（蓋章）

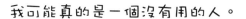

我可能真的是一個沒有用的人。

就像小蟲子那樣，常常讓人感覺完全不重要。

你很重要！

原來你認為自己比不上別人，
覺得自己像小蟲子那樣看起來很不重要，
其實心裡很不好受吧？
但是……
不能允許自己持續陷在那個想法裡面喔！

認為自己不重要的時候，為什麼心情似乎舒坦多了？
因為這樣思考的話，即使被無視也不會生氣，
將心靈結繭封印之後，就不會感受到傷心和痛苦。
可是這樣真的好嗎？

世界上沒有人是無用、不重要的，
我們必須把結繭的心變成溫和軟柔的心。
「我很重要，我是重要的人。」
請對自己這樣說，讓心上的封印就會一點一點被解開吧。

開始試試看

即使是一塊小石頭，
也是這個世界上絕對不能沒有的重要存在。
何況是有生命的你，該是多麼重要的存在呀？

從現在開始，你不可以對自己說出，
「長得真醜」或「好討厭自己」之類的話。

不要認為自己沒有用，要自己尊重自己。
只有你珍惜自己了，其他人才會珍惜、重視你。

每個人都懂得相互珍重的話，
大家就都會很幸福。

1. 對自己說過哪些負面的話？
   請圈出來喔。

我是沒有用的人
我是無聊的人
我真傻、我好像笨蛋
我一點忙也幫不上
我是個倒楣的傢伙
我很沒出息
我好像邊緣人

2. 將你圈出的句子，改成
   正面的話語！

   我是無聊的人→ 我很有趣

3. 設計一張卡片，將這些正面話語放上去。
   當你聽到不好的話時，就拿出卡片來看～

都沒有人喜歡我。

我想成為人見人愛的好孩子。

你是很好的人呀！

換個方式
思考吧！

你感覺大家都在躲避你嗎？
也許你有點太敏感了，
請不要太過擔心，
你只要努力成為做好自己就可以了。

為什麼你會認為大家在逃避你呢？
是不是因為你還不太懂得如何與別人相處？

只要知道跟朋友相處的方法，就可以解決這個問題囉！
第一，在內心描繪朋友和自己見面的場面。
第二，想一下有哪些話想對朋友說。
第三，簡單準備一下開場白要說什麼。
第四，反覆練習準備好的話。

最後，你要充滿自信的先開口跟朋友說話。

你想變得更好，但總做出不好的事，
所以才對自己失望、生氣。
因為別人的話影響著你，使自己像蘆葦般搖擺不定，
「哼，我一定不要照你所說的去做。」
這樣刻意唱反調，就只是在鬧脾氣喔！

持續嘗試找出自己好的一面，
就不會產生鬧彆扭或賭氣的想法。
試試看上述的方法，情況是不是有所改善呢？

最重要的是，
不忘記自己想要變得更好的那顆心。

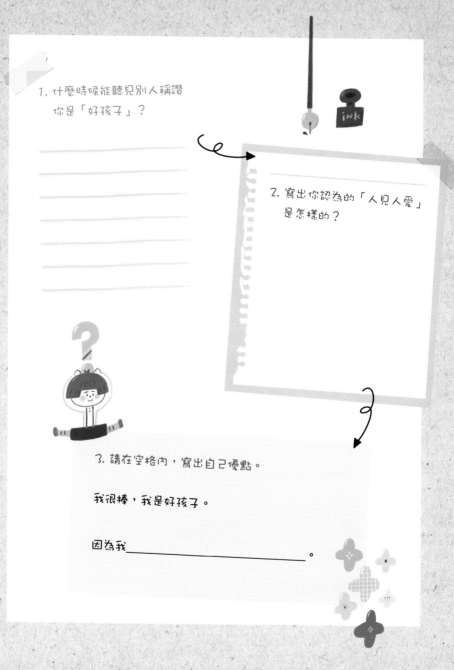

1. 什麼時候能聽見別人稱讚
   你是「好孩子」？

2. 寫出你認為的「人見人愛」
   是怎樣的？

3. 請在空格內，寫出自己優點。

我很棒，我是好孩子。

因為我＿＿＿＿＿＿＿＿＿＿＿＿＿＿＿。

一直以來，無論多用心也做不好，

現在繼續努力還有用嗎？

我做不到啦！

要相信自己做得到！

換個方式思考吧！

你越來越沒有自信了嗎？
如果有想要做什麼事情的想法，
不要擔心自己做不好而停下腳步，
要相信自己，重新開始行動吧！

「在台上朗讀時，如果我結巴的話，該怎麼辦呢？」
「雖然已經練習非常多次了，但還是非常不安。」

先把這些不好的想像都丟掉，
腦中想像自己口齒清晰、大聲朗誦的模樣，
再想像一下，老師稱讚你讀得很棒的的景象。

只要真心相信自己，能描繪自己成功的樣子，
你也可以慢慢的重新找回自信。

開始試試看

當我們走在陌生的路上，
有時候會懷疑「這條路是對的嗎？」

如果是無法相信自己的人，
就會調頭往回退縮，去選擇其他條路。
堅信自己的人，才會絲毫不動搖的繼續向前行。

你覺得哪一個人，能更容易到達目的地呢？
當然是堅信自己的人！

對於自己的信任，
就如同照亮陌生道路的燈光。

你也要自己點亮那盞燈。

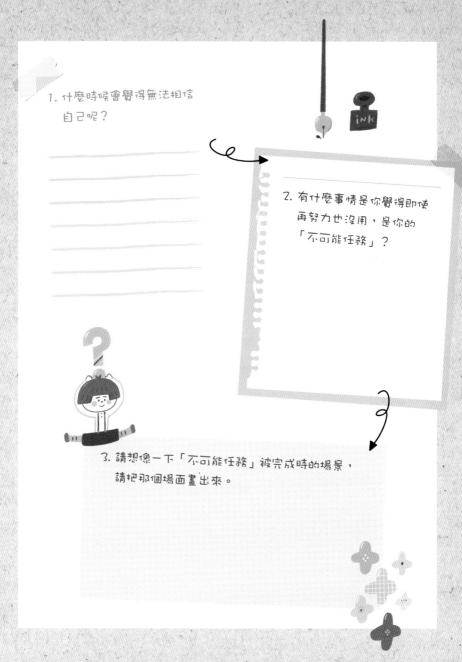

1. 什麼時候會覺得無法相信
   自己呢?

2. 有什麼事情是你覺得即使
   再努力也沒用,是你的
   「不可能任務」?

3. 請想像一下「不可能任務」被完成時的場景,
   請把那個場面畫出來。

每次照鏡子的時候，我都很在意臉上的黑痣。

就算想用頭髮遮住也完全沒辦法。

不用在意那些小事！

換個方式
思考吧！

我們出生的時候，都無法決定長相，
臉上的痣也不是用橡皮擦就能擦掉的。
因此不滿意瑕疵而愁眉苦臉的你，
覺得心情很煩、很介意。
這些我都懂，沒事的。

你花了很多時間就會站在鏡子前面嗎？
「討厭的痣，快點消失！」
或許你還會喊出這種咒語？

當你在鏡子前的時間越來越長，
那玩樂和學習的時間就會越來越少。
你就像完全被這個小小的痣控制了行動，
看來消失的並不是痣，而是你自己呢！

保護自己最好的方法就是「適當的忽視」。

「嗯？我不知道什麼痣呀？」

開始試試看

在意的感覺是什麼？
就像長了痘痘之後，一直想用手去碰它。
那些小小的紅點實在很難令人忽視吧？

但是你用手去觸摸的話，痘痘就會消失嗎？
只要睡眠足夠，充分休息，痘痘自然就會慢慢消失的。

如果你一直太在意小事情，
就無法把心思放在真正重要的事情上。
因為你的精力已經全部浪費在這些小事情上了。

記住，千萬不要把你的精力花在無用的事物上。

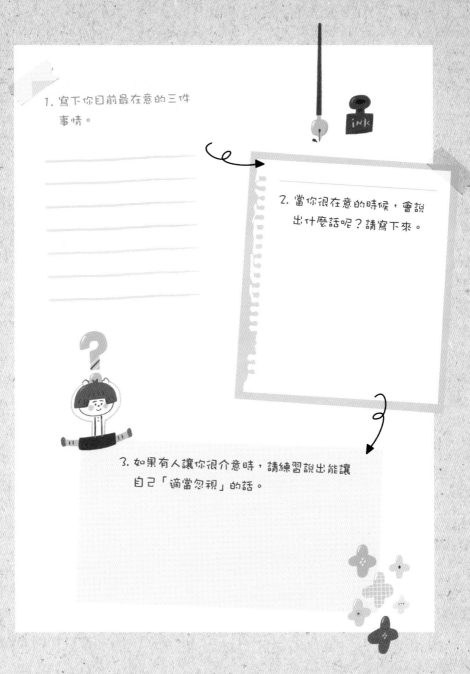

1. 寫下你目前最在意的三件
   事情。

2. 當你很在意的時候，會說
   出什麼話呢？請寫下來。

3. 如果有人讓你很介意時，請練習說出能讓
   自己「適當忽視」的話。

沒有什麼專長能表演的話，真的不行嗎？

我並沒有什麼可以自豪的……

表揚自己吧！

我很自豪！

每次露營活動的表演時間，
我都很苦惱，
感覺大家的眼睛都緊緊盯著我看，
而我只能暗自祈禱，
希望時間趕緊過去。

在許多人面前唱歌、跳舞本來就是不容易的事情。
知名歌手也曾在舞台表演時，緊張得發抖。

你不用擔心台下的觀眾會怎麼想，
也不必要求自己一定要表演得很完美。

如果你能對敢站上舞台的自己感到驕傲的話，
一定可以順利完成精彩的演出。

開始試試看

我們感到害羞的時候，就會臉頰發紅、雙腳發抖，
也能聽見噗咚噗咚的心跳聲，背上也會直流汗。

但是你知道嗎？
當我們覺得自豪的時候，也會臉紅和身體發熱。

或許害羞和自豪之間，
只隔了一道牆而已呢！

只要你鼓起勇氣不害羞，
自然而然，你就會替自己感到自豪。

1. 什麼時候或哪個瞬間，
   讓你覺得很害羞？

2. 你什麼時候會感到自豪呢？

3. 請寫下三件自豪的事情。

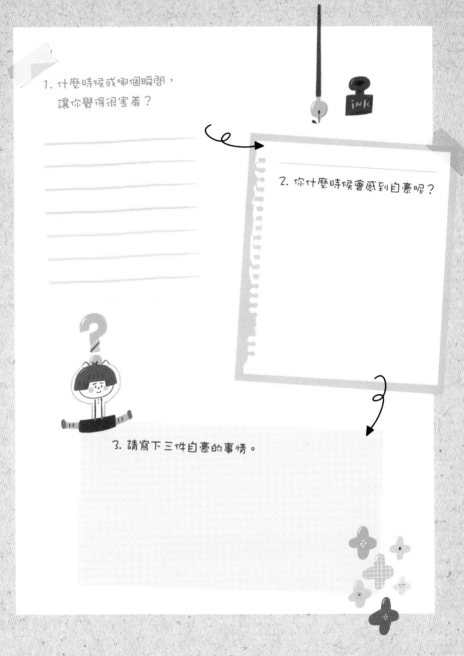

我很矮小，所以很討厭跑步比賽。

每次競賽都讓我越來越沒自信。

那又怎樣呢？

換個方式
思考吧！

確實有些人會因為長得比較高而自傲，
如果與這樣子的人一起參加跑步比賽，
容易在比賽前就先洩氣了。
不過你要知道吧？高矮都是比較而來的呀。

當你對自己逐漸喪失自信的時候，
好像有種自己也慢慢變矮的錯覺嗎？

在情況更嚴重之前，我們必須改變想法。
第一步，向爸媽借來你還在媽媽肚子裡的照片；
第二步，找出自己從出生到現在的照片。
第三步，好好觀察自己慢慢長大的樣子。

會不會覺得當時年紀還如此小的你，
就已經長得這麼大了！

請這樣跟自己說：「別擔心，我還會繼續長高的。」

開始試試看

沒有任何事情因為個子矮就不能做，
若是因為身高不夠，而無法拿到放在高處的東西的話，
只要站在椅子上就可以啦！

所以，你不需要羨慕長得高的同學。

如果你還在因為太矮小難過的話，
那就多喝牛奶和多多運動，怎麼樣呢？

不論是高或矮，最重要的是，
你是一個健康的小孩。

1. 拿出你剛出生時的照片，
   認真看看當時自己的身體。

2. 請寫下三個身高較矮，
   可能會有的好處？

3. 為了長高，必須做哪些努力呢？
   請把想到的內容寫下來。

佩佩很會踢足球、小智的跆拳道很厲害……

我為什麼一個專長也沒有呢?

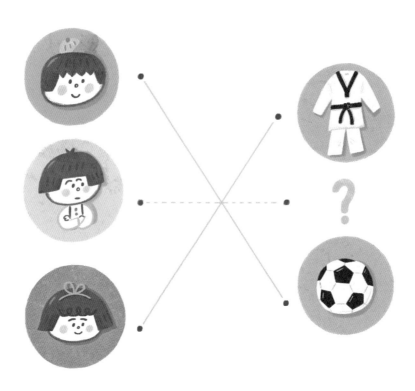

我也有很厲害的地方!

換個方式思考吧！

你偶爾會有「自己什麼都不會」這樣想法吧？
每次想到的時候，心情就會很鬱悶，
甚至會怪罪起爸爸媽媽嗎？
其實每個人都有自己擅長做的事情喔！

不用因為自己沒有特長而傷心，
你只是還沒找到自己擅長的事情而已。

請你仔細想一下自己可能擅長的事情吧，
是很會整理東西？很會逗同學們發笑？
總是不挑食的吃完所有食物？
或是很會照顧弟弟妹妹⋯⋯

接下來，你要想的是，
如何讓自己把已經熟練的事情做得更好。
就這樣一個一個想，再去執行行動的話，
你就能找到自己真正的專長喔！

開始試試看

正因為有不擅長的事情，
才讓那些擅長的事情顯得更厲害呀！

韓國有位四指鋼琴家李喜芽，
她曾說過：
「我沒有因為只有四個手指感到傷心，反而感謝我有手指。
希望大家都能盡全力發揮自己擁有的，並且幸福的活下去。」

你覺得她說的話怎麼樣呢？

不需要對不擅長的事情感到失望，
只要找到擅長的事情之後，
不斷勤奮練習就可以囉！

1. 請試著寫下七個自己做得
   很好的事情。

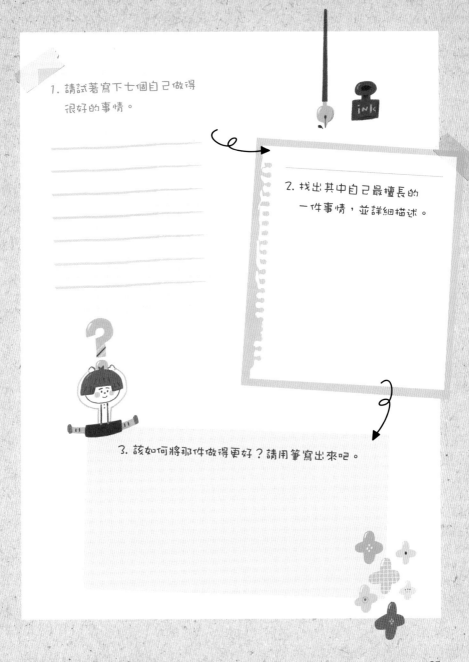

2. 找出其中自己最擅長的
   一件事情，並詳細描述。

3. 該如何將那件做得更好？請用筆寫出來吧。

我有喜歡的人了。

我想請他與我交往，但總是猶豫不決。該怎麼辦呢？

跟隨自己的心意去做吧！

哇，恭喜你！
喜歡上某個人是很值得恭喜的事情呢，
那也是你正在成長的證明喔。
不過你也因此陷入了苦惱，
我們一起來解決這個煩惱吧！

你會猶豫要不要告白的原因是什麼？
「不，我不喜歡你。」或是對方沉默不回應，
這些都讓你感到害怕吧？

如果被拒絕或是對方假裝沒聽到的話，
你就會像天塌下來似的傷心。

但是這絕對不代表你是個沒有價值的人喔，
只是那個人還沒做好喜歡上你的準備，
或是他不希望跟你有特別的關係而已。

不需要猶豫，只要跟隨自己心意去做就可以。

開始試試看

順著自己心意並不是指能夠為所欲為。

那些不懷好意去欺負他人的事情，
都不是根據自己心意去做的。

順應心意去行動，
是指傾聽自己真實的情感。

當我們喜歡上某人之後，
會發現自己內心小鹿亂撞或猶豫不決，
不需要因為不好意思而故意壓抑那份感情，
因為那是讓你變得更棒的心情喔！

1. 如果你有了喜歡的人，
   你會用什麼話來表達自
   己的心情呢？

2. 在告白之前，先來說一些
   激勵自己的話。

   例如：
   喜歡上他的感覺真的很棒。

3. 如果喜歡的人拒絕我或是不理我的話，我要用怎樣
   的態度去面對呢？

   例如：
   「你不喜歡我，我雖然很傷心，但我們還是像
   以前是好朋友喔。」

覺得請別人幫忙好困難，

好像自己很沒用，所以很不好意思開口。

握緊對你伸出的
友善之手吧。

開口請別人幫忙，

真的是不是一件容易的事情。

對方也有可能會拒絕，所以總是小心翼翼的。

但是，不請別人幫忙的話，真的沒問題嗎？

正因為一個人無法完成，

才需要別人幫忙，不是嗎？

讀書的時候，如果遇到看不懂的地方該怎麼辦呢？
難道乾脆不要讀了嗎？
這並不是好個辦法喔。

「一開始讀不懂也沒關係。」
先抱著這樣的想法，然後試著繼續往下閱讀，
如果還是不懂、不會，就向身邊的人請求幫忙吧。

請別人幫忙並不代表你沒用或是脆弱的人喔，
適時尋找協助，可以讓你遇到難題的時候更順利一點。

開始試試看

「可以請你幫忙嗎？」

請別人幫忙不會傷害你的自尊心，
也不是因為沒自信才找人幫忙，
在你需要的時候，這是很正常的行為。

大人在遇到困難的時候，不是也會請別人幫忙嗎？
所以如果你需要幫忙，也不用猶豫不決，
總是陪伴著你的家人、爸媽、同學和老師，
只要你開口，都很樂意幫助你！

不需要擔心太多，
握緊向你伸出的援手就好囉！

1. 你曾經在什麼時候、因為
   什麼事請別人幫忙呢？

_____

_____

_____

_____

_____

_____

2. 當你請別人幫忙時，對方
   怎樣回答的？

3. 請把你目前遇到的困難，詳細的和朋友說明，
   再試著請朋友幫忙。

例如：

「今天老師交代的作業，我一直搞不清楚，可以
再跟我說一次嗎？」

我想當學習小組的組長，可能同學說不行。

我覺得心情很糟糕！

有你真是太好了。

換個方式
思考吧！

同學為什麼會那樣呢？
你有想過自己為什麼不能當組長的理由嗎？
不可以因為這樣就心情不好或鬧脾氣，
要好好想清楚原因喔。

你一定非常期待自己領導同學的樣子，
但是組長的位置只有一個，不可能大家都是組長。
同學沒有選你，並不是故意無視你的心意，
而是覺得比起組長，你更適合其他角色。

在一個組裡面，每個人都有要負責的角色，
如果每個人都能盡力完成自己的事情，
大家就能好好傳遞出相互的謝意。

「真高興能和你同一組！」

開始試試看

「如果不是我，就一定不行。」
一定要小心自己太驕傲喔。

真正的自信是在照顧對方和認同對方的時候培養出來的，
要是認為只有自己很厲害，無視其他人的話，
就很容易和同學、朋友發生不愉快。

聽到讓人心情不好的話，大家都會不開心，
越是生氣的話，內心就會變得像沙漠那樣乾枯。

能夠讓乾枯的內心再次變得滋潤，
那樣的雨水就是「感謝」。

1. 如果朋友表現出「幸好有你」
   的話，你的心情如何呢？

_____

_____

_____

_____

_____

_____

2. 你有想對誰說「幸好有你」
   嗎？請寫下。

3. 把「都是因為你」改成「幸好有你」試試看。

例如：

「因為你，我才做不好。」

->「幸虧有你，我才____。」

明天要去露營的東西都準備好了。

但是躺在床上的時候，因為擔心還有東西忘記拿，

完全睡不著。

不完美也沒關係。

原來你是個會好好收拾、整理的孩子，
沒有媽媽的幫忙，自己就可以做好準備，
真的很厲害！
可是，一直擔心遺漏什麼東西沒有帶到，
緊張到讓你睡不著了，對吧？

你是不是還盯著天花板想著準備物品呢？
你是不是因為不放心，一直打開包包檢查呢？

你能認真準備真的很棒呢！
不要因為沒準備好，導致自己心情不好，
萬一忘記帶牙膏的話，跟同學借就可以了呀。

沒有人是完美的，
大家都有不足的地方。
因此，你也不用太焦慮，為了明天好好睡覺吧。

煮飯之前要先洗米，你有洗過米嗎？
洗米的時候，水會變成乳白色。
可是不論洗幾次，水依然是乳白色的。

如果希望看到清澈的水，需要洗幾次呢？
應該要重複沖洗非常多次吧。
可是那樣的話，米的營養成分也會被洗掉的，
為了完美，反而損失了。

不要想把所有事情都做到完美，
只要能盡全力做好就可以。

這樣心情就會輕鬆許多喔！

1. 請用鉛筆畫一個圓圈。你畫
   的圓圈看起來很完美嗎？

_____

_____

_____

_____

_____

_____

2. 想一想，如果在學校發現
   有東西忘記帶了，該怎樣
   做才比較好呢？

3. 在出門的時候，故意把鞋帶綁成兩邊不同長度，
   然後想辦法不要去在意它。
   你有什麼想法和心情呢？

做選擇真的好難，想得我頭都痛了。

讓別人來幫我選就好，可以吧？

試著自己選一下吧！

想吃辣炒年糕，也想吃紫菜包飯，

還想吃丸子……

思考了半天之後，卻說：「隨便，都可以。」

你也會這樣嗎？

可是這樣的話，可能會無法得到真正想要的東西，

到底要怎樣做才好呢？

你無法自己選擇的理由是什麼？

是不是擔心自己選錯了才這麼猶豫呢？

「這個也太辣了！早知道應該選紫菜包飯的，討厭。」

就是怕後悔，才希望有人代替你選擇。

但是當你漸漸長大之後，也要繼續依靠別人選擇嗎？

你不需要馬上做出選擇，

可以先慢慢考慮之後，再試著做出決定。

不能總是說：「隨便，都好。」

試著想像一下，
你獨自一人走在茂密的森林裡，前方突然出現兩條岔路，
如果兩條路都想走的話，該怎麼辦呢？
難道要把身體切成兩半，
一半走這條，另一半走另外一條嗎？

當然不行呀，因此你必須選擇一個。
還有另一個辦法，雖然比較花時間，但你可以試試看。
就是先選第一條路走，然後再走回來，去嘗試走第二條路。
這樣的話，兩條路就都走到了。

請相信自己，
並且持續練習為自己做選擇。

1. 請寫下對你來說最重要的
   五樣東西。

_____

_____

_____

_____

_____

_____

2. 請從這五樣東西之中,
   圈選出最重要的一個。

3. 想一想,自己是怎麼選出來的呢?理由是什麼?

為了成為話劇的主角拼命的練習，最後還是失敗了。

我現在心情很不好，什麼事情都不想做。

失敗了，怎麼辦？

換個方式
思考吧！

遇到這種狀況，你一定心情很差吧。
是不是就像洩了氣的氣球呢？
除了主角以外，其他角色一點都沒興趣，
我非常理解你的心情。

請你先打起精神來吧！
準備好紙、鉛筆和橡皮擦，將你所做的努力全都寫在紙上。
在寫下來的過程中，你能發現自己為了成為主角，
付出了很多努力，這也讓你的內心感到充實。

接著，用橡皮擦把自己寫的內容全部擦掉吧，
內心大聲喊著：「什麼主角嘛！」

如果一直被過去的事情困住的話，
就只會剩下不高興的回憶和心情喔。

試著想像一下，
你曾經在堆積木的時候，不小心將積木全部推倒的經驗嗎？
當事情發生的時候，心情肯定非常糟糕吧。
如果時間能夠倒退的話，該有多好呢？
不過這是辦不到的！

當積木倒下來的時候，一定要做的事情就是⋯⋯
再次把積木好好堆疊起來。

事情發展總是有不順利的時候，
雖然心裡一定會很難受，
但你還是要接受挫折，再重新站起來。

請在心裡想著：「不好的一切都會過去的。」

1. 當事情進行的不順利時，
   你會怎樣做？

_____

_____

_____

_____

_____

_____

_____

2. 試著將自己失敗時的表情
   畫出來，覺得怎麼樣呢？

3. 非常努力還是失敗的時候，把當時的努力全部
   寫出來，然後用橡皮擦擦掉。
   現在你的心情覺得如何呢？

今天媽媽太忙了，沒有辦法幫我，

誰可以來幫我選衣服呢？

你自己也做得到！

換個方式
思考吧！

除了媽媽，

沒有其他人會來幫你挑衣服，

因為沒有人能像媽媽一樣細心照顧你。

不過，你要一直讓媽媽替你準備嗎？

平常媽媽都幫你打理好一切，
現在要自己來才會不知所措。
是不是覺得心情又煩又緊張呢？

那從簡單的事情開始做看看吧！
先選出自己比較喜歡的襪子，
拿到鏡子前，照一下哪件衣服更適合你。

不要因為要花很多時間在挑選衣服上就放棄了，
只要持續練習，一個人也是可以做得很好的！

開始試試看

媽媽每件事情都幫你做好的話，
是不是覺得自己就像是小王子或小公主呢？
完全不用自己動手，非常輕鬆對吧？

但是，你能接受媽媽的幫忙到什麼時候呢？

自己可以做到的事情，就不要不去做。
不然的話，你會連非常簡單的事情都做不了。

你身體的主人不是媽媽，
你身體的主人是你自己。

1. 你的手能做那些事情？
   你的腳又能做哪些事？

_____

_____

_____

_____

_____

_____

_____

2. 請寫下你自己完成的
   三件事情。

3. 請在三件事裡面，挑選一件畫出當時的過程。

我想跟同學拿回上次借給她的橡皮擦，

她一直沒還我，好猶豫要不要開口……

但是我現在就需要橡皮擦，該怎麼辦呢？

勇敢開口，不要擔心！

想要快點拿回被借走的東西，
可是不想這樣就和朋友變得尷尬，
即使如此也一定要開口拿回來喔，
你不需要一直擔心別人的臉色。

你會吞吞吐吐，都是為了同學間可以保持友好。
因為你擔心害同學覺得不好意思的話，
就會讓兩個人的關係不好，
這樣就是看別人的臉色喔。

不過，現在你就需要橡皮擦，所以可以這樣說：
「能不能請你把橡皮擦還我呢？」

你不用擔心同學臉色，
只要看著對方的眼睛，清楚說出來就可以囉！
同學一定會說忘記了，然後把橡皮擦好好還給你。

當你跟朋友們在遊戲區或公園玩的時候，
如果有幾個大哥哥、大姊姊過來妨礙你們，
不讓你們好好玩，該怎麼辦呢？

因為對方比較年長，所以你就一定要忍讓嗎？
或是你可以請他們排隊呢？

當你有什麼話要說的時候，
勇敢一點，不要擔心，不用看別人的臉色。

因此，你可以對他們這樣說：
「你們不可以插隊，請到後面排隊喔。」

1. 有沒有曾經想跟爸媽說話，
   但因為他們臉色不好而不
   敢開口嗎？

_____

_____

_____

_____

_____

_____

2. 當時你想說的話是什麼？
   請在這裡詳細寫出來吧。

3. 那些話要怎樣說才好呢？又應該搭配怎樣的
   表情呢？

我想繼續玩，可是媽媽一直叫我回家，
因為太討厭太難過，所以就哭出來了。

不要哭，好好用說的。

因為無法做想做的事情，所以就哭了嗎？

其實你並不是因為傷心才哭的喔，

你是因為不能隨心所欲，所以就鬧脾氣了。

可是，一直哭就能夠讓你做想做的事情嗎？

如果一直哭到心情變好的話，後果會怎樣呢？

這樣的話，媽媽一定會生氣的，

那你的心情就會更糟了吧？

也會因為一直哭，讓身體變得不舒服。

別哭了，慢慢整理想法之後，再說出來吧。

媽媽一定會認真聽你說話，

她還會跟你討論怎樣做才是好的。

因此，你一定要先說出自己的想法。

如果你什麼都不說，即使是最瞭解你的媽媽也不知道呀。

開始試試看

「我肚子餓了。」
「好痛喔。」
「我大便了。」
小嬰兒只會哭，是因為他還沒有學會說話。
因為沒辦法用言語說出來，
才會一直用哭來表達想說的話。

現在的你，已經可以把自己的想法和感受用言語說出來了吧。
先讓激動的心冷靜下來，然後誠實說出來，
讓爸爸媽媽知道你的心情。
「我很傷心。」
「我想吃東西。」
「請幫我做那個。」

總是大吼大叫的哭鬧，其實也會很累呀，
能簡單說話就解決的事情，不需要讓身體勞累吧？

1. 仔細觀察一下，看我們的身體在哭的時候，會有什麼變化？將適合的部位放入空格內。

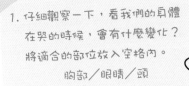

胸部／眼睛／頭

（　　　）變紅了，而且也腫起來。

（　　　）有點昏，感覺在繞圈圈。

（　　　）像被針刺到似的非常痛。

2. 「一定要說出來嗎？應該一看就知道了吧？」請想想看，這句話不對的理由是什麼呢？

3. 你最近因為什麼而感到傷心或不高興呢？請用言語表達一下那個傷心。

例如：

「因為哥哥吃了我的冰淇淋，所以我很傷心。」

（　　　　　　　　　　　　　），所以我很傷心。

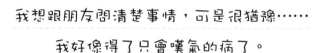

我想跟朋友問清楚事情，可是很猶豫……

我好像得了只會嘆氣的病了。

有話就直說吧！

換個方式思考吧！

你只嘆了口氣，真的太可惜了。
你想說的話一定在嘴巴內盤旋很久了吧。
為什麼那些話無法說出口呢？

因為身體不舒服才無法參加朋友的生日派對，
但聽到朋友懷疑是故意不去的時候，
真的覺得很委屈，想要好好為自己辯解對吧？

要你開口說出：「沒能參加真的非常對不起。」
心裡又覺得很困難，但是不說出來會更好嗎？
不說出來反而容易產生誤會，讓朋友間的關係變得疏遠喔。

不要擔心，先深深吸氣、吐氣。
接著，這樣對朋友說：
「沒有參加你的生日派對，真的很對不起。
不是故意的，只是那天我肚子實在太痛了。」

開始試試看

如果你不說出來的話，朋友怎麼會知道你怎麼想呢？。
因為每個人都不會有完全相同想法。

為了不產生誤會，一定要將心裡的話說出來，
而且要用最誠懇的態度。
「因為這樣……所以……」
只要把事實說出來就可以了！

如果是很難說出口的話，
也可以試試看用寫信或傳簡訊的方式喔。

1. 你很會說話表達想法嗎？
   還是不太會說話呢？

2. 當你無法好好說出內心話
   的時候，心情如何呢？

3. 過去對爸媽、老師、兄弟姊妹，如果有什麼話
   說不出口，就試著寫在信上吧。

很努力完成作業之後，
卻發現很多人都比我做得更好。
這麼努力真是白費力氣了嘛！

你很棒，辛苦了！

因為滿心想要得到老師的稱讚，
所以希望落空時，你才會覺得洩氣。
但即使如此，
努力完成作業真的什麼用也沒有嗎？

「早知道隨便做一下就好。」
「早知道要更努力一點。」
每次跟同學比較的時候，都會產生這些想法吧。
其實你和同學一樣，都非常努力喔。

即使沒有得到老師的稱讚，
你付出的努力必須得到自己的認同。

請拍一拍自己的肩膀，
對自己鼓勵：「我很棒！辛苦了！」

林肯是美國偉大的總統。

他廢除了奴隸制度，讓分裂的國家再次統一起來。

聽說林肯的口袋中有一張皺皺的紙張，寫著：

「林肯是所有時代最偉大的政治人物之一。」

每當林肯遇到困難的時候，就會拿出這張紙鼓勵自己。

你也可以像林肯那樣，

試著寫一張鼓勵自己的小卡片吧。

1. 最近，你最努力做的事情是什麼呢？那個時候，你有對自己說「辛苦了」嗎？

2. 什麼話可以給你帶來力量？在紙片上寫下那句話，然後隨身攜帶吧。

3. 對辛苦一整天的自己，你要送什麼的禮物呢？

我沒有什麼才能，我能夠做什麼呢？

我做不到的事情實在太多太多了……

相信自己可以的！

換個方式
思考吧！

看來你的內心受傷了。

因為跟別人做比較，漸漸覺得自己微不足道。

雖然現在的你沒有特別厲害的事情，

但是未來還很難說呀？

不論是誰都擁有才能的種子。
那顆種子必須種在土裡，要細心灌溉和充足日照，
才有辦法生根長葉，最後才會結成果實。

如果不照顧種子，只是把它隨便放在一旁的話，
會變成怎樣呢？
就算是原本能長成大樹的種子，
也一定會腐爛的。

請你握緊拳頭，對自己喊話：「我可以的。」
你會發現在這個世界上，
自己可以做得到的事情非常多！

並不需要一定要做到最好。
重要的是，你讓自己用盡全力去做的態度。

你覺得自己的才能很普通嗎？
回想一下，為了培養這個才能，你花了多少的努力呢？
不要退縮，要為自己驕傲，
讓自己盡情的展現才華吧！

你也可以請周圍的人幫忙，
不管是爸爸媽媽、兄弟姐妹或是同學朋友們，
只要看到你認真的眼神，每個人都會願意幫助你。

1. 請寫下自己三個才能。

2. 請想一想或和爸媽討論，
   怎樣讓你的才能更進一步？

3. 你的才能會讓你成為怎樣的大人呢？請想像一下
   自己未來的樣子。

我沒有做錯任何事，
不要一直說我什麼了！

要承認自己的錯誤

如果你沒有做錯，硬說你錯了，當然要生氣。
但如果你是因為害怕被處罰而狡辯的話，
那就是非常不正確的行為了喔。

你知道「壞小孩」都不會承認自己做錯的吧？
如果認錯了，好像就一定會受到處罰。
所以，大多數的人，感覺什麼對自己有害的話，
就不會承認，然後逃避。

可是，能夠一直逃避下去嗎？
內心有疙瘩的話，會真的開心嗎？
要心裡沒有疙瘩、能夠正大光明面對的時候，
心情才會變得愉快的。

為了你自己，請鼓起勇氣說：
「我做錯了，對不起。」

開始試試看

承認自己的錯誤，還要道歉是件不容易的事情。

當認錯要道歉的時候，
如果只說了一句「對不起」效果也會大打折扣。
一定要清楚說出自己哪裡做錯了，
對方才能接受到誠懇的道歉。

如果不小心把朋友的彩色鉛筆弄斷了，
請試著像下面句子一樣，練習說說看吧。

「我把你的彩色鉛筆弄斷了，非常對不起。
是我太不小心了，之後會更注意的。」

1. 承認自己做錯的時候，
   心情是怎麼樣的呢？

2. 說了「對不起」朋友卻不
   接受你的道歉，為什麼會
   那樣呢？

3. 如果不小心弄髒了朋友的衣服，該如何道歉呢？
   請試著寫下來。

我的自尊心是高還是低？

你是怎樣看自己的？

問題	完全不是	大致上是	有一點點	完全是
我和別人一樣的很有價值。	1	2	3	4
我可以輕易決定自己的心情。	1	2	3	4
我擁有很多優點。	1	2	3	4
我可以跟別人一樣做好事情。	1	2	3	4
我是幸福的人。	1	2	3	4
我很瞭解自己。	1	2	3	4
我不會輕易放棄。	1	2	3	4
有很多人喜歡我。	1	2	3	4
我對自己抱持肯定的態度。	1	2	3	4
我對於自己做到的事情感到滿意。	1	2	3	4

▶ 30分以上的話，代表你擁有很高的自尊心。！
▶ 20-30分的話，和大多數人一樣，還可以。
▶ 20分的話，你的自尊心還不夠，需要更加努力喔！

作者／**李挺豪**（이정호）

作者在孩童時期常常跟同一個社區的孩子們穿梭在巷弄奔跑和玩耍。每每想起那些幸福的回憶，作者就更加確定要為兒童寫作。在獲得第13屆綠色文學獎「新人作家獎」之後，就正式成為兒童作家。出版的作品有《奔跑吧！》（共同出版）、《真正的空服人員》、《真正的廚師》、《和平的土地 非武裝地帶 生命的土地 獨島》、《我的朋友是來自朝鮮的師任堂》等。

繪者／**方仁泳**（방인영）

大學的專業是化工陶瓷設計（陶藝），現在以自由工作者的身分從事插畫。通過單行本、廣告、公司對外刊物、海報、包裝、輔導教材、教科書等媒介畫上各種溫暖人心的插圖。希望可能一直這樣畫下去。

譯者／**劉小妮**

喜歡閱讀，更喜歡分享文字。目前積極從事翻譯工作。

童心園